Ist es schon Mobbing?

**Ein Wegweiser zum Thema
Für Betroffene, Betriebsräte und Unternehmer:
Aus der Praxis, kurz, knapp und auf das Wesentliche
konzentriert**

Tatjana Jerz

Bibliografische Information der Deutschen Nationalbibliothek: Die Deutsche Nationalbibliothek verzeichnet diese Publikation in der Deutschen Nationalbibliografie; detaillierte bibliografische Daten sind im Internet über http://dnb.dnb.de abrufbar.

© 2013 Tatjana Jerz

Illustration: Tatjana Jerz,
weitere Mitwirkende: R. Nafziger
Herstellung und Verlag: BoD – Books on Demand, Norderstedt
ISBN: 978-3-7322-5587-0

Inhaltsverzeichnis

1 Warum ich dieses Buch geschrieben habe   7

2 Mobber, Gemobbter und Mitläufer – ein Wort zu Begrifflichkeiten   9

3 Konflikte und wie daraus Mobbing entstehen kann   11

4 Es ist wichtig, Konflikte und Mobbing zu unterscheiden   15

5 Warum Mobbing so verheerend auf Körper und Seele wirkt   17
    5.1 Was haben die Spiegelneuronen mit Mobbing zu tun?   19
        5.1.1 Jeder Versuch, es „richtig zu machen", scheitert.   19
        5.1.2 Es werden zwei lebensnotwendige Bewältigungsprogramme des Menschen lahmgelegt   20

6 Warum werden Menschen zu „Mobbern"?   23

7 Tipps für Betroffene   25
    7.1 Warum es nicht leicht ist, die Situation alleine zu klären   25
    7.2 Welche Möglichkeiten es gibt, sich „im Kleinen" zu wehren   26
    7.3 Die Trickkiste gegen häufige Mobbinghandlungen   30
        7.3.1 Widersprüchliche oder nicht vorschriftskonforme Anweisungen   31
        7.3.2 Die falsche Information   31
    7.4 Wie schützt man sich selbst in der Situation?   32
        7.4.1 Bach-Blüten   33
    7.5 Nichts geht mehr?   34

    7.6   Rückkehr zu einem normalen, unbeschwerten Leben - aber wie? 35

8   Woran man einen guten Anwalt erkennt   37

9   Woran man einen guten Berater erkennt   41
    9.1   Ein Wort zu Medikamenten 43

10   Tipps für Betriebsräte   45
    10.1 Wie erkennen Sie, ob in Ihrem Unternehmen Mobbing existiert? 45
    10.2 Sinnvolle Schulungen / Weiterbildungen 45
    10.3 Welche Möglichkeiten hat der Betriebsrat? 51
    10.4 Normales Beratungsgespräch und Mobbingberatung - Unterschiede 53
           10.4.1 Das sollten Sie in der Gesprächsführung vermeiden . . 55
    10.5 Weitermachen, obwohl der Fall eine „Nummer zu groß ist"? . 58
    10.6 Die „Fallen" bei der Mobbingberatung 58
    10.7 Wie schützen Sie sich selbst als Mobbingberater im Unternehmen? 60

11   Tipps für Unternehmen   61
    11.1 Wie können Sie als Unternehmer verhindern, dass eine Mobbing-Kultur entsteht? 62
    11.2 Was tun, wenn es passiert ist? 65

12   Weiterführende Links, Adressen, ergänzende Informationen   67
    12.1 Ansprechpartner zum Thema Mobbing 67
           12.1.1 Beratungsstellen 67
           12.1.2 Mediation 68
           12.1.3 Anwälte für Arbeitsrecht 68
           12.1.4 Fachklinik 68
    12.2 Schulungsanbieter für Betriebsräte 69
    12.3 Buchempfehlungen 69
    12.4 Kontaktdaten 72

KAPITEL 1

Aus der Praxis, aus Überzeugung, aus Erfahrung
Warum ich dieses Buch geschrieben habe

In meiner Praxis und in den Seminaren, die ich zum Thema Mobbing gebe, habe ich festgestellt, dass es ein paar Fragen gibt, die sich beim Einstieg in das Thema immer wiederholen. Diese Fragen greife ich hier auf. Im Grunde lesen Sie also den Inhalt einer ersten Beratungsstunde beziehungsweise die ersten Seminarstunden.

Menschen, die wirklich gemobbt wurden, sind oft sehr verunsichert. Sie wissen, dass irgendetwas nicht stimmt, dass die Situation, in der sie sich befinden, nicht normal ist. Sie möchten gerne wissen, was da gerade mit ihnen passiert. Dieses Buch kann dabei helfen, eine erste Orientierung zu finden und einen Impuls geben, sich aus dieser ungewollten Situation zu lösen.

- Sie sind in einer Konfliktsituation und fragen sich, warum Sie sich so hilflos dabei fühlen?

- Sie sind Betriebsrat und fühlen sich verunsichert, weil sich ein Konflikt in Ihrem Unternehmen einfach nicht lösen lässt?

- Sie sind Unternehmer / Führungskraft und möchten gerne wissen, was es mit dem Modewort „Mobbing" tatsächlich auf sich hat?

1 Warum ich dieses Buch geschrieben habe

Dann ist dieses Buch genau das Richtige für Sie! Wir machen gemeinsam einen Ausflug in die eigentümliche Welt des Mobbings.
Ich erkläre Ihnen die damit verbundenen Rollen, Verhaltensweisen, Hintergründe, die körperlichen und seelischen Folgen von echtem Mobbing und ich zeige Ihnen praxiserprobte und realistische Möglichkeiten, um Mobbing professionell und erfolgreich zu begegnen.

Es ist mir bewusst, dass einige meiner Aussagen zu den Aussichten auf Erfolg in Gerichtsprozessen nicht auf Gegenliebe stoßen werden. Ich kann Ihnen versichern, dass alles, was ich dazu schreibe, aus jahrelanger Praxiserfahrung resultiert, und von renommierten Anwaltskanzleien immer wieder bestätigt wird.

Mit diesem Buch möchte ich Ihnen einen kleinen Wegweiser an die Hand geben, der Ihnen hilft, die ersten Schritte auf Ihrem Weg zu finden und Ihre Fragen zu beantworten. Über Ihre Rückmeldungen, Anregungen und konstruktive Kritik zu diesem Buch freue ich mich. Meine Kontaktdaten finden Sie am Ende des Buches.

KAPITEL 2

Mobber, Gemobbter und Mitläufer – ein Wort zu Begrifflichkeiten

Ich halte nicht viel davon, die Worte „Täter" und „Opfer" zu verwenden, auch wenn sie in einigen Fällen durchaus angebracht wären. Dennoch werden mit diesen Begriffen beide Personen zumindest „gefühlt" unabänderlich in Rollen verfrachtet, aus denen sie nur schwer wieder herausfinden. Das ist aber bis zu einem gewissen Zeitpunkt durchaus möglich – für beide Seiten.

In vielen Fällen wären die „Gemobbten" froh, wenn sich die Situation einfach in Wohlgefallen auflöst und sie ganz normal weiter arbeiten könnten. Der eine oder andere „Mobber" würde vielleicht auch gerne aus seiner Rolle heraus, wenn ihm oder ihr klar wird, welche Folgen Mobbing für den Betroffenen hat und welche Motive tatsächlich hinter dem eigenen Handeln standen.

Aus diesem Grund habe ich mich in diesem Buch für die Begriffe „Mobber" und „Gemobbter" bzw. „Betroffener" entschieden. Auch der Begriff „Mitläufer" macht klar, dass man, auch scheinbar „untätig", aktiv zum Teil des Prozesses wird. Genau wie bei anderen „Taten" ist es unstrittig: Wer wegschaut, macht mit!

2 Mobber, Gemobbter und Mitläufer – ein Wort zu Begrifflichkeiten

Sehr treffend ist auch der Begriff „Anstifter". In diesem Fall wird eine gewisse, bereits vorhandene Gruppendynamik ausgenutzt: Ein Einzelner stiftet unbeteiligte Dritte zum Handeln an und bleibt selbst völlig im Hintergrund. Die Gruppe macht – häufig ohne darüber nachzudenken warum – die „Drecksarbeit". Solche Konstellationen findet man oft in Schulen, aber auch im Berufsleben. In diesen Fällen ist es besonders schwer, die Situation zu klären, denn es gehört schon ein gehöriges Maß an Intrigantentum und eine gewisse Gruppendynamik dazu, einen Prozess so zu lenken, dass man selbst nicht auffällt.

Der Begriff „Bossing" bezeichnet Mobbing durch den Vorgesetzten. Ich unterscheide nicht zwischen „Mobbing" und „Bossing", da das Ziel (jemanden „entfernen") und die Auswirkungen auf die betroffene Person gleich sind.

KAPITEL 3

Konflikte und wie daraus Mobbing entstehen kann

Gemeinsame Interessen machen stark. Eine Gruppe, die sich normalerweise nicht „grün" ist, kann plötzlich durch ein gemeinsames Interesse und ein dadurch entstandenes, gemeinsames Ziel zusammenwachsen.

Stoßen verschiedene Interessen aufeinander, entstehen Konfliktsituationen. Im optimalen Fall schaffen es die Betroffenen, durch Gespräche und Kompromisse zu einer Lösung zu kommen. Manchmal gibt es eine unerwartete „dritte" Lösung, die alle zufriedenstellt.

In der Regel ist es aber so, dass alle Seiten etwas nachgeben müssen. Hier ist wichtig, dass niemand das Gefühl hat, mehr Opfer erbracht zu haben, als die andere Seite.

Wenn Konflikte offen ausgetragen werden, weiß jeder, woran er ist, und hat die Möglichkeit, entsprechend zu reagieren. Dazu gehört, dass die Beteiligten auch vor Zeugen bei ihren Standpunkten bleiben. Ist der Konflikt stark ausgeprägt, leidet die Gruppe / Familie darunter. Eine einvernehmliche Lösung scheint manchmal nicht mehr möglich zu sein.

3 Konflikte und wie daraus Mobbing entstehen kann

In solchen Fällen kann ein Mediator helfen. In der Mediation werden die verschiedenen Positionen durch den „außenstehenden" Mediator beleuchtet und die verschiedenen Bedürfnisse, die hinter dem Konflikt stehen, offengelegt. Häufig führt schon dieses Vorgehen dazu, dass ein Verständnis für die gegenseitigen Positionen entsteht, und das ist der erste Schritt zu einer Lösung.

Schwelt ein Konflikt unter der Oberfläche, kann daraus über die Zeit eine für alle Beteiligten unerträgliche Situation entstehen. Dennoch ist es immer noch „nur" ein Konflikt. Diese Situation führt oft dazu, dass immer häufiger Kleinigkeiten zu großen Problemen aufgebauscht werden, und nach und nach Unbeteiligte in den Konflikt hineingezogen werden.

Zum Mobbing wird ein Konflikt, wenn das Ziel aller Aktionen ist, eine Person auszugrenzen, auszuschließen, aus einer Gruppe oder aus dem Unternehmen zu entfernen. Das kann „nur" die Versetzung in eine Nachbarklasse oder Nachbarabteilung sein. In schweren Fällen haben die Betroffenen sogar das Empfinden, sie sollen in ihrer Existenz vernichtet werden.

Wichtig zu wissen: Es gibt auch Menschen (Kollegen oder Vorgesetzte), die sich einfach furchtbar verhalten. An und für sich genommen sind einzelne Verhaltensweisen dieser Person vielleicht tatsächlich „Mobbinghandlungen". Wenn sich das Verhalten von einem Einzelnen gegen eine ganze Gruppe richtet, spricht man in der Regel nicht mehr von Mobbing, da es unwahrscheinlich ist, dass die gesamte Gruppe ausgegrenzt werden soll. Es handelt sich hierbei sehr wahrscheinlich um einen schweren Fall von mangelnder sozialer Kompetenz ☺. Auch hier gibt es Ausnahmen, aber in der Regel ist Voraussetzung für Mobbing, dass sich die Handlungen gegen eine einzelne Person richten, die „entfernt" werden soll.

Mobbing ist ein Prozess: Das Ziel ist das Ausgrenzen (Loswerden), der Weg dorthin führt über die systematische, fortgesetzte Schikane einer Person.

Im Gegensatz zum Konflikt hat der Gemobbte nicht die geringste Chance, zu einer Klärung der Situation beizutragen, denn das einzige Interesse des Mobbers ist: „Person X muss weg".
Wird tatsächlich „gemobbt", hat selbst ein kommunikationsstarker, selbstbewusster Mensch wenig Chancen sich erfolgreich zu wehren.

KAPITEL 4

Warum ist es überhaupt wichtig, Konflikte und Mobbing zu unterscheiden

Mobbing ist nicht einfach nur ein „Problem" oder ein „Konflikt", denn Probleme kann man lösen und Konflikte kann man klären. Echtem Mobbing ist man ausgesetzt.

Und genau das ist der Grund, warum es so wichtig ist, über Mobbing zu sprechen und aufzuklären.

Viele Betroffene, die ich beraten habe, kamen verwirrt und mutlos zu mir. Sie wussten nicht wirklich, was mit ihnen passiert ist. In der Regel suchten diese Menschen schon recht lange ziemlich verzweifelt nach dem Grund für die unerträgliche Situation, in der sie sich befanden. Der Begriff „Mobbing" fällt in diesen Gesprächen eher selten und wenn, dann sehr zaghaft. Meist suchen die Gemobbten die Schuld bei sich und haben schon eine unglaubliche Reihe von Klärungsversuchen erfolglos hinter sich gebracht, bis ihnen dämmert: Hier stimmt etwas nicht. Egal was derjenige tut - er kann es niemandem Recht machen. Aber es gibt selten greifbare Konstellationen, die für jemanden, der die Thematik nicht gut kennt, sofort und eindeutig auf Mobbing hinweisen.

4 Es ist wichtig, Konflikte und Mobbing zu unterscheiden

Verstärkt wird die schwierige Lage des Gemobbten noch durch gut gemeinte Tipps und Ratschläge von Freunden und Verwandten, die sich nicht erklären können, warum der Betroffene nicht einfach mal „auf den Tisch schlägt" oder die Situation „ruhig und sachlich" klärt.

Echtes Mobbing hat etwas von einer seelischen Vergewaltigung. Der Mobber hat sich sein Ziel gesetzt, ohne dass der Gemobbte etwas davon ahnt. Im passenden Moment „passiert" es dann: Ohne Zeugen, aus dem Nichts erfolgt der Angriff. Und diese Situationen wiederholen sich immer wieder – ohne dass der Gemobbte überhaupt eine Idee hat, warum das alles geschieht und wie er dieser Situation aus dem Weg gehen kann. Es ist nicht nachvollziehbar, kann nicht „verstanden" werden, weil es keine Erklärung gibt.

Fragt derjenige bei dem Mobber / den Mobbern nach, ob etwas nicht stimmt, kommt prompt die Antwort: „Wieso? Was soll denn sein? War was?" Der Betroffene kommt völlig ins „Schwimmen".

Diese ausweglose Situation hat schwerwiegende Folgen für Körper und Seele. Nur die Auseinandersetzung mit dem Thema „Mobbing", die Erklärungen, was Mobbing ist, was mit dem Betroffenen passiert ist und welche Strukturen und Mechanismen hinter echtem Mobbing stecken, hilft Menschen, die Mobbing ausgesetzt waren, wieder zu sich selbst zu finden und „festen Grund" unter den Füßen zu spüren.

KAPITEL 5

Warum Mobbing so verheerend auf Körper und Seele wirkt

Um das zu verstehen, hilft uns ein Blick auf die neurobiologische Trickkiste des Menschen. Wenn wir alles, was wir täglich mit unseren Sinnesorganen aufnehmen, bewusst verarbeiten müssten, würden wir verrückt.

Darum hat unser Gehirn im Laufe der Evolution eine geniale Strategie entwickelt: Alles, was wir wahrnehmen, wird in Sekundenschnelle abgeglichen. Kenne ich das? Habe ich das schon einmal gehört, gesehen, gefühlt, gerochen, erlebt? Wenn ja, läuft automatisch das mit dieser Erfahrung verknüpfte Verhaltensprogramm ab:

- Ignorieren

- vermeiden oder

- entsprechend der Situation tätig werden.

Wenn etwas Neues passiert, wird diese neue Erfahrung mit bereits bekannten Situationen verglichen, um herauszufinden, ob eine bereits erprobte Strategie hier auch funktionieren könnte.

- Gibt es nichts Vergleichbares und ist der Reiz zu stark, um ihn zu ignorieren, versuchen wir in der Regel herauszufinden, ob das „Neue" gut für uns ist oder ob es uns schaden könnte.

- Ist die Aussicht eher negativ, muss bewertet werden, welche Strategie nun am besten ist: Vermeiden, ändern oder sogar zerstören, wenn unsere Existenz bedroht zu sein scheint.

Diese Reaktionen laufen in den meisten Fällen in einem Bruchteil von Sekunden und zu einem Großteil unbewusst ab.

In jeder völlig neuen Situation erproben wir ein Verhaltensmuster und lernen und bewerten dabei. Diese erlernten Muster speichern wir automatisch ab. Funktioniert eine Verhaltensweise nicht oder versagt ein früher erfolgreiches Verhaltensmuster, probieren wir etwas Neues aus.

Lernen ist ein nie endendes Überlebensprogramm des Menschen. In welchem Zusammenhang das Lernen nun mit Mobbing steht, erfahren wir gleich.

Ein weiterer Angriffspunkt sind die „Spiegelneuronen". Vom ersten Lebenstag an läuft dieser überlebensnotwendige Prozess, der den Menschen und sogar einige Tiere zu sozialen Kontakten befähigt: Die Funktion der Spiegelneuronen. Jeder von uns hat schon einmal automatisch das Gesicht verzogen, wenn sich der gegenüber sitzende Gesprächspartner schmerzhaft das Knie gestoßen hat, oder von einer unangenehmen Zahnbehandlung berichtet. Babys lächeln strahlend zurück, wenn wir sie anlachen, und sie suchen ständig den Blick der Eltern. Möchten wir, dass unser Sprössling sein Gemüsegläschen isst, öffnen wir unbewusst den Mund und das Kind spiegelt diese Handlung automatisch, öffnet auch den Mund und futtert (meistens) brav seinen Möhrenbrei.

Wir sind mit einer extrem langen Abhängigkeitsphase von den Eltern auf soziale Rückkopplungen angewiesen. Darum reagieren wir automatisch und unbewusst auf minimale Veränderung in Gestik, Mimik und Körperhaltung unseres Gegenübers.

5.1 Was haben die Spiegelneuronen mit Mobbing zu tun?

Sehr viel! Eine der häufigsten Mobbinghandlungen ist die plötzliche und scheinbar grundlose Ausgrenzung des Betroffenen aus dem sozialen Umfeld. Nun versucht der Ausgegrenzte mit den aus der Vergangenheit bewährten (erlernten) Mitteln wieder zurück in die Gruppe zu gelangen. Er oder sie beobachtet die Menschen, die sich plötzlich zurückziehen, und mit „versteinerten Mienen" ausweichen. Kein automatisches Lächeln mehr auf dem Flur, keine Reaktionen auf den Versuch der typischen, sozialen Kontaktaufnahme: Blickkontakt, nickende Bestätigung während Gesprächen, gemeinsame Aktivitäten, wie das Gespräch am Kaffeeautomaten etc. bleiben aus.

Auf konkrete Fragen, ob irgendetwas nicht in Ordnung sei, wird ausweichend oder zum Teil auch gar nicht geantwortet. Dabei ergibt sich häufig die verheerende Situation, dass das weitere Umfeld, welches zum Teil gar nicht in die Mobbingthematik eingeweiht ist, aus Unsicherheit ähnlich reagiert. Man spürt, dass etwas nicht stimmt, und hält sich lieber raus. Eine der für die Psyche schwerwiegendsten Mobbinghandlungen, die „soziale Ausgrenzung", findet statt.

5.1.1 Jeder Versuch, es „richtig zu machen", scheitert.

Da der Mobber gar kein Interesse an einer erfolgreichen Beseitigung der Konfliktsituation hat, beobachtet er einfach die immer neuen Versuche des Gemobbten und passt seine Reaktionen entsprechend an.

Gespräche mit ehemaligen Mobbern (nach Klärung der Situation) zeigen sogar, dass die Mobber die verzweifelten Versuche des Betroffenen mit einem gewissen Amüsement beobachten und bewundernd wahrnehmen. Denn allein der Mobber hat in der Hand, ob der Gemobbte mit seiner Strategie Erfolg haben darf oder nicht.

Hier kommen die beiden oben beschriebenen Mechanismen ins Spiel: Das Überlebensprogramm „Lernen durch Versuch und Irrtum" und die für das Sozialwesen Mensch extrem wichtige Spiegelung durch andere Menschen der Gruppe, der man angehört.

Der Gemobbte versucht durch verschiedene Verhaltensweisen einen Normalzustand herzustellen und wieder Teil der Gruppe zu werden.

Beide Mechanismen werden durch den Mobber blockiert und die verzweifelten Versuche des Gemobbten enden zwangsläufig immer im Versagen.

5.1.2 Es werden zwei lebensnotwendige Bewältigungsprogramme des Menschen lahmgelegt

Während der oder die Täter erfolgreich an ihren Strategien feilen, sucht das Opfer verzweifelt und erfolglos nach Möglichkeiten, wieder sozial integriert zu werden. Das wissen die Mobber erfolgreich zu verhindern und so bildet sich eine Endlosschleife von hilflosen Versuchen, die irgendwann in völliger Verzweiflung und Erschöpfung des Opfers enden.

Die Gedanken des Gemobbten kreisen immer mehr um die ausweglose Situation. Er sucht Rat und Hilfe bei seinem privaten Umfeld, berichtet immer wieder vom täglichen Krieg und hofft auf Verständnis, Hilfe und Unterstützung. In der Regel sind nach einer Weile auch die Familie und

5.1 Was haben die Spiegelneuronen mit Mobbing zu tun?

Freunde mit der Situation überfordert und ziehen sich ebenfalls zurück. Der letzte Rückhalt bricht zusammen.

Die Folge ist häufig eine recht plötzlich auftretende Resignation des Gemobbten. Diese hat in der Regel massive Auswirkungen auf die Gesundheit und führt unter Umständen zu schweren Depressionen und im schlimmsten Fall bis zum Selbstmord. Hier zeigt sich, dass auch Kommunikationsprofis wenig Chancen gegen Mobbing haben, wenn die Gruppe geschlossen reagiert und der Prozess nicht von außen unterbrochen wird (durch Vorgesetzte, Mitläufer, die aus ihrer Rolle heraus wollen,...) bzw. der Gemobbte seine Herausforderungen in einem neuen Umfeld sucht, bevor er an der Situation zerbricht.

KAPITEL 6

Warum werden Menschen zu „Mobbern"?

Die Gründe für so ein Verhalten können sehr vielfältig sein. In meinen Beratungen sagen die Betroffenen, wenn sie sich mit der Situation auseinander gesetzt haben, häufig: „Eigentlich müsste der „Mobber" hier sitzen und nicht ich."

Es ist nicht selten so, dass eine massive Angst vor „Liebesentzug" der Kollegen oder des Chefs einen Menschen zum Mobber werden lässt. Auch Neid oder die Furcht, dem Kollegen nicht gewachsen zu sein, oder Angst um den eigenen Arbeitsplatz führen oft zum Mobbing.

Natürlich wird auch „eiskalt" gemobbt, um einen Konkurrenten auszuschalten und freie Bahn für die Karriere zu haben. Manche Vorgesetzten versuchen mittels Mobbing den Platz für einen anderen Kandidaten frei zu machen, da auf dem „normalen" Weg (Aufhebungsvertrag) zu hohe Kosten entstehen oder vielleicht sogar Führungsschwächen aufgedeckt würden.

Die Gründe, einen anderen Menschen zu mobben, sind so vielfältig wie die Charaktere der Mobber und die Mobbingstrategien, die sich aus dieser Konstellation entwickeln.

6 Warum werden Menschen zu „Mobbern"?

Meine persönliche Beobachtung ist, dass Mobbing häufig auftritt, wenn Menschen im Laufe ihres Lebens gelernt haben, die starke innere Unsicherheit und Schwäche, die sie in sich tragen, durch ein extrem selbstbewusstes Auftreten und zum Teil aggressives Verhalten zu verbergen. Niemand würde auf die Idee kommen, dass diese Personen so starke Selbstzweifel haben.

Viele „Gemobbte" hingegen entsprechen – zumindest in den Fällen, die ich kennen gelernt habe – gar nicht dem „klassischen" Opferbild. Es sind häufig sehr geradlinige Menschen, die offen und aufgeschlossen sind, gerne auf Menschen zugehen und mit ihnen umgehen, hilfsbereit sind und eine gewisse Unbefangenheit an den Tag legen. Zum Teil legen sie noch nicht einmal Wert auf eine steile Karriere, sondern haben einfach Spaß an der Arbeit und identifizieren sich stark mit ihrer Aufgabe. Dadurch bieten sie natürlich die perfekte Angriffsfläche. Auch hier setzen viele Mobbinghandlungen an.

Diese Menschen stellen für die Mobber schon allein durch ihr Wesen eine Gefahr dar. Sie erhalten Sympathien ganz von selbst, sie müssen sich diese Form der Anerkennung nicht erarbeiten. Alles, wofür der Mobber hart arbeitet, scheint ihnen zuzufliegen.

Genau aus diesem Grund trifft Mobbing die Betroffenen auch oft so unerwartet. Es gibt aus Sicht des Gemobbten gar keinen Grund – er will ja weder Karriere machen noch jemandem etwas weg nehmen.

Das Gefährliche ist: Je häufiger ein Mobber seine Ziele durch Mobbinghandlungen erreicht hat, umso ausgefeilter sind seine Strategien. Dabei sind Mobber unberechenbar. Da ihre Versagens- und Verlustängste die stärkste Antriebsfeder sind, weiß man nie, gegen wen sich die Attacken als Nächstes richten. Das kann ein Kollege, oder auch ein Chef sein.

KAPITEL 7

Tipps für Betroffene

7.1 Warum es nicht leicht ist, die Situation alleine zu klären

Wenn der Mobber es nicht will, hat der Gemobbte fast keine Chance, die Situation alleine zu klären. Da Mobbing nicht offensichtlich stattfindet, muss man sich als Betroffener Verbündete suchen, sie über die Situation aufklären und um Hilfe bitten. Dabei sollte man vorsichtig vorgehen, da man nicht weiß, ob die angesprochene Person hinter dem Mobber steht und alles, was besprochen wurde, „brühwarm" weitererzählt.

Die Hilfe besteht nicht unbedingt darin, dass andere sich schützend vor den Gemobbten stellen. Vielmehr geht es im ersten Schritt darum, eine Bestätigung zu erhalten, dass etwas „nicht stimmt" und vielleicht Gegenbeweise zu sammeln.

Eventuell ist auch jemand bereit, in einer offensichtlichen Situation einzuschreiten und den Mobber zu fragen, was er da tut und warum. In der Regel wird der Mobber erst einmal alles abstreiten oder gute Gründe für sein Verhalten vorschieben. Meine Feststellung ist, dass in der heutigen, von Leistung,

Druck und unsicheren Arbeitsplätzen geprägten Zeit die Bereitschaft, sich für andere einzusetzen, gesunken ist. Schlussendlich kämpft jeder um sich selbst.

Natürlich gibt es kleine Tricks und Kniffe, um einen Mobber aus der Reserve zu locken oder sich selbst zu schützen. In manchen Fällen, wenn das Mobbing noch im Anfangsstadium ist, hilft eine gewisse Gegenwehr schon, damit der Mobber von seinem „Opfer" ablässt. Das setzt aber voraus, dass der Betroffene erkannt hat, dass es sich um Mobbing handelt und es nicht auf die „nette Tour" versucht.

Übrigens: Wissen schützt vor Mobbing nicht. In meiner Praxis sind mir schon Betriebsräte begegnet, die genau wussten, was Mobbing ist und wie man sich verhalten muss. Dennoch waren sie nicht in der Lage, sich gegen das Mobbing zu wehren, da die Mobbinghandlungen „Mittel zum Zweck" waren und von den Vorgesetzten und der Geschäftsführung bewusst geduldet bzw. sogar verwendet wurden. In solchen Fällen hilft in der Regel nur, sich mit der Situation auseinanderzusetzen und sich – möglicherweise gestärkt durch Coaching, Beratung oder Psychotherapie – neu zu orientieren.

7.2 Welche Möglichkeiten es gibt, sich „im Kleinen" zu wehren

Grundsätzlich ist es natürlich optimal, wenn es in Ihrem Unternehmen einen Betriebsrat gibt, der sich mit dem Thema Mobbing auseinander gesetzt hat und über feste und gut geschulte Ansprechpartner verfügt. Haben Sie Mut, Ihren Betriebsrat anzusprechen. Auch hier habe ich in den vielen Jahren meiner Beratungstätigkeit festgestellt, dass eine ungeheure Scheu besteht, den Betriebsrat zu kontaktieren. Sei es, weil man das Gefühl hat, damit ein

7.2 Welche Möglichkeiten es gibt, sich „im Kleinen" zu wehren

„Riesenfass aufzumachen", sei es, weil man zu einem der Betriebsräte kein gutes Verhältnis hat oder aus der (oft falschen) Vorannahme heraus, „der Betriebsrat kann mir sowieso nicht helfen".

Suchen Sie den Kontakt zum Betriebsrat, fragen Sie, ob Sie einen Gesprächstermin haben können, und bitten Sie darum, dass das Gespräch erst einmal nur zur Information dient und nicht an das gesamte Betriebsratsgremium weitergegeben wird. Das ist ihr gutes Recht. Bereiten Sie sich auf das Gespräch am besten vor:

- Machen Sie sich kurze, stichpunktartige Notizen.

- Schildern Sie, was Sie erlebt haben und wie es Ihnen dabei ergeht.

- Wenn Sie Zeugen haben, können Sie diese benennen, aber fragen Sie vorher nach deren Einverständnis.

- Bringen Sie schriftliche Beweise für die Mobbinghandlungen in Kopie mit.

- Wenn Sie von Mobbing ausgehen, führen Sie ein „Mobbing-Tagebuch". Das kann ein Kalender sein, in dem Sie möglichst detailliert mit Datum und Uhrzeit die Mobbinghandlungen und die beteiligten Personen eintragen.

Viele Betriebsräte sind inzwischen geschult und können Ihnen ziemlich klar sagen, wie das Unternehmen mit Mobbing-Fällen umgeht. In einigen Firmen herrscht eine sehr gute Konfliktkultur und Mobbing wird nicht geduldet. Das bedeutet, Ihr Fall wird aufgenommen und gemeinsam wird versucht, die Situation zu klären. Optimal ist es, wenn die Mobbinghandlungen erst begonnen haben, denn dann kann man versuchen, den Fall als Konflikt „zu lösen", auch wenn es um eine Mobbinghandlung geht.

Ist die Sache schon verfahren, wird das schwieriger. Wenn der Mobber nicht zur Kooperation bereit ist, wird in solchen Unternehmen eine klare Marschlinie gefahren: Mobbing wird nicht geduldet. Ist das Fehlverhalten des Mobbers nachweisbar, muss dieser mit arbeitsrechtlichen Konsequenzen rechnen (Abmahnung/ Kündigung).

Wichtig für Betroffene ist: Lassen Sie sich nicht überfahren! Wenn der Betriebsrat es „zu gut" meint und Sie direkt zu Gesprächen mit dem Mobber drängt, lehnen Sie dankend ab und erklären Sie, dass Sie sich dem (noch) nicht gewachsen fühlen. Eine sofortige und direkte Konfrontation geht häufig nicht gut. Auch der Mobber hat unter Umständen schlagkräftige Argumente und Sie kommen in eine sehr ungünstige Rechtfertigungssituation.

Aber auch in Unternehmen, in denen Konflikte ein Tabuthema sind, werden Sie schnell merken, welche Möglichkeiten Sie tatsächlich haben. Entweder durch offene Worte des Betriebsrats oder durch dessen sehr ausweichendes Verhalten. In diesem Fall wissen Sie damit, woran Sie sind. Wenn die Situation so nicht zu klären ist, setzen Sie sich damit auseinander, ob Sie andere Optionen im Unternehmen haben. Besteht die Möglichkeit, sich in absehbarer Zeit in eine andere Abteilung versetzen zu lassen, in der der Mobber keinen Einfluss mehr hat? Denken Sie sowieso schon länger darüber nach, sich neu zu orientieren? Dann ist das der richtige Moment.

Einen Anwalt zu konsultieren macht in der Regel nur Sinn, wenn Sie darauf aus sind, mit einer Abfindung das Unternehmen zu verlassen oder wenn Ihnen durch das Mobbing arbeitsrechtliche Konsequenzen drohen. Im letzteren Fall ist eine gute Rechtsberatung sogar unabdingbar. Es ist extrem schwierig vor Gericht zum Thema Mobbing „Recht" zu bekommen. Dafür benötigen Sie eine Reihe wirklich hieb- und stichfester, schriftlicher Beweise. Zeugen werden in der Regel schwierig zu finden sein und es stellt sich die

7.2 Welche Möglichkeiten es gibt, sich „im Kleinen" zu wehren

Frage, ob die Aussagen vor Gericht tatsächlich so ausfallen wie im Gespräch unter vier Augen. Wenn Sie sich für den Schritt des Rechtswegs entschieden haben, sollten Sie das Kapitel „Woran man einen guten Anwalt erkennt" lesen.

Hat das Mobbing sie bereits seelisch oder körperlich angegriffen, ist es empfehlenswert, sich an einen Berater / Therapeuten oder Coach zu wenden, der sich mit dem Thema wirklich gut auskennt, und um Unterstützung zu bitten (siehe Kapitel „Woran man einen guten Berater erkennt").

Je nach Schwere der seelischen Verletzungen und der Bewältigungsstrategien des Betroffenen ist eine kurz- bis mittelfristige Unterstützung wichtig für einen neuen Start. Geht man mit „eingezogenen Ohren" in einen neuen Job, besteht tatsächlich die Gefahr, dass ein dort sitzender „Mobber" den Braten riecht, und plötzlich sieht man sich einer ähnlichen Situation ausgesetzt. Das liegt aber nicht daran, dass mit dem Gemobbten grundsätzlich etwas nicht stimmt und er oder sie das Mobbing darum anzieht, sondern weil Mobber eine „Nase" für Schwäche haben.

Sie fragen sich jetzt vielleicht: „Wie? Das soll es gewesen sein? Der Mobber bleibt ungeschoren und der Gemobbte muss gehen? Das ist doch nicht gerecht!"

Ja, das stimmt. Ich kämpfe ohne Weiteres gegen Ungerechtigkeit. Aber aus eigener Erfahrung und aus meiner langjährigen Betriebsrats- und Beratertätigkeit heraus kann ich Ihnen sagen: Bei Mobbing gibt es in den meisten Fällen keine gerechte Lösung. Und der Rechtsweg ist teuer, anstrengend und zermürbend. Dafür braucht man eine dicke Hornhaut auf den Nerven. Wer hat die schon?

7 Tipps für Betroffene

Häufig wird nicht der Mobber, sondern der Gemobbte versetzt. Nicht selten sorgt der Mobber dafür, dass der Gemobbte in der neuen Abteilung auch nicht mit offenen Armen empfangen wird. Eine Bestrafung des Mobbers geschieht nur in Fällen, in denen der Gemobbte es tatsächlich geschafft hat, handfeste Beweise zu sammeln und die Firmenleitung bzw. die zuständigen Führungskräfte entsprechend reagiert haben. Vielleicht gab es bereits im Vorfeld ähnliche Fälle, von denen Sie noch gar nichts wissen (unter Umständen aber der Betriebsrat) und durch die Häufung der Vorkommnisse wird der Mobber „überführt" und es kommt schließlich doch zu Konsequenzen.

Meist endet es in einer Vertragsaufhebung für den Gemobbten, manchmal unter fadenscheinigen Ausreden. („Das ist für Sie doch besser...")

Sollte man Ihnen überraschend einen Aufhebungsvertrag anbieten, führt Ihr erster Weg Sie optimaler Weise zum Betriebsrat und der nächste zum Anwalt. Unterschreiben Sie NIE einen Aufhebungsvertrag, ohne ihn vorher anwaltlich prüfen zu lassen! Das gilt auch und vor allem, wenn man Ihnen droht, dass Ihnen irgendwelche Konsequenzen drohen, wenn Sie nicht sofort unterschreiben. Das Mindeste ist, dass Sie zu so einem Gespräch sofort den Betriebsrat hinzuziehen. Meist ändert das Gespräch dann ganz schnell den Charakter.

7.3 Ein kleiner Blick in die „Trickkiste" gegen häufige Mobbinghandlungen

Neben der sozialen Ausgrenzung gibt es eine Reihe von Mobbinghandlungen, die mir in der Praxis immer wieder begegnet sind. Gemeinsam mit Beraterkolleginnen und -kollegen haben wir passende Gegenmaßnahmen gefunden, die den einen oder anderen Mobber in seiner Entschlossenheit ausgebremst und die Situationen entschärft haben.

7.3.1 Widersprüchliche oder nicht vorschriftskonforme Anweisungen

Sollten Sie mündlich Anweisungen von Ihrem Vorgesetzten erhalten, die sich widersprechen oder von denen Sie den Eindruck haben, dass sie nicht den Vorschriften oder Gesetzen entsprechen, fassen Sie die Anweisung schriftlich (zum Beispiel per Mail) zusammen. Schreiben Sie, dass Sie nicht sicher sind, ob Sie die Anweisung richtig verstanden haben, und bitten Sie Ihren Chef darum, Ihnen kurz schriftlich zu antworten, ob sie wie beschrieben vorgehen sollen. Reagiert Ihr Chef nicht darauf, hat er durch sein Schweigen sein Verhalten bestätigt. Widerspricht er der Anweisung, haben Sie Klarheit und er kann Ihnen keinen „Strick" aus einem angeblichen Fehlverhalten drehen.

Sollte es in Ihrem Arbeitsbereich nicht üblich sein, Mails zu schreiben, suchen Sie sich Zeugen, denen Sie vertrauen, und sprechen Sie Ihren Vorgesetzten direkt in Gegenwart der Zeugen an. Auch so haben Sie die Möglichkeit, sich abzusichern. Allerdings hat die schriftliche Variante mehr Beweiskraft, denn Zeugen erinnern sich gerne nach einiger Zeit „nicht mehr so genau, was da war..."

7.3.2 Die falsche Information

Ein „Klassiker" unter den Mobbinghandlungen. Sie erhalten nur unvollständige oder falsche Informationen zu einer Aufgabe oder einem Meeting. Aus diesem Grund kommen Sie regelmäßig zu spät zu den Treffen oder Ihre Arbeit weist massive Fehler oder Lücken auf. Auch hier besteht die Möglichkeit, die Informationen, die Sie erhalten haben, schriftlich zusammenzufassen und zu hinterfragen. Versuchen Sie zu dokumentieren, was genau falsch gelaufen ist. Heben Sie schriftliche Anweisungen (Mails) auf – am besten drucken Sie diese Unterlagen aus und nehmen sie mit nach Hause. Wenn mehrere Personen an dem Meeting teilnehmen, fragen sie bei anderen beiläufig nach dem Termin, weil sie sich gerade nicht erinnern können. Auch Bildschirmausdrucke können hilfreich sein – manchmal verschwinden Dinge nämlich plötzlich und unerwartet vom Computer...

7.4 Wie schützt man sich selbst in der Situation?

Das Wichtigste ist, sich klar zu machen, in was für einer Situation man sich befindet. Wenn Sie sich unsicher sind, wenden Sie sich an den Betriebsrat oder an eine externe Beratung, um sich Klarheit zu verschaffen. Versuchen Sie herauszufinden, ob es sich um Mobbing handelt oder um einen Konflikt. Zur Orientierung genügen häufig ein bis zwei Termine. Sprechen Sie mit Fachleuten über Ihre Situation und lassen Sie sich beraten. Ein Mediator oder Konfliktberater „von außen" ist offen und neutral und kann Ihnen mit seinem Blickwinkel unter Umständen Möglichkeiten aufzeigen, die jemand, der in die Situation involviert ist, also zum „System" gehört, gar nicht erkennt. Übrigens ist eine gute Beratung besonders dann immens wichtig, wenn man wenige Möglichkeiten hat, über das private Umfeld neue Kraft zu schöpfen.

Nutzen Sie Ihre Freunde und die Familie als Kraftquelle für positive Energien. Mobbing raubt ungemein viel Kraft. Sorgen Sie für einen Ausgleich im Privatleben. Natürlich ist es wichtig, dass Ihre Familie weiß, was Ihnen in Ihrem Arbeitsumfeld passiert. Wirklich helfen kann Ihnen Ihr privates Umfeld aber besser, indem Sie dort durch schöne Erlebnisse neue Energie schöpfen. Freuen Sie sich an den positiven Kleinigkeiten, nehmen Sie bewusst wahr, dass es auch eine „Sonnenseite" gibt.
Gehen Sie viel nach draußen! Bewegung an frischer Luft ist gut und extrem wichtig! Auch wenn es bewölkt ist oder sogar regnet, bewirken die Luft und die Sonne kleine Wunder.

7.4 Wie schützt man sich selbst in der Situation?

Sie stehen unter massivem Stress. Unsere Urinstinkte auf Stress sind Flucht oder Angriff. Da beides in der heutigen Zeit keine adäquate Lösung darstellt, müssen wir andere Bewegungsmöglichkeiten suchen. Bewegung hilft, die ausgeschütteten Stresshormone abzubauen. Laufen Sie Treppen (das hilft besonders direkt nach einer akuten Stress-Situation), gehen Sie Schwimmen oder Joggen, fahren Sie Rad, wandern Sie Ihren Hausberg hoch oder misten Sie Ihren Keller aus. Versuchen Sie gemeinsam mit Freunden Spaß zu haben und zu lachen, bis die Tränen fließen. Beides entspannt ☺.

Tun Sie Ihrer Seele etwas Gutes. Gehen Sie in die Sauna und schwitzen Sie den Ärger heraus. Gönnen Sie Ihren verspannten Muskeln eine Massage oder besuchen Sie ein Thermalbad und entspannen Sie im warmen Wasser. Essen Sie mit Genuss etwas, was Sie besonders gerne mögen! Widmen Sie sich Ihrem Lieblingshobby und füllen Sie Ihren „Positiv-Speicher" randvoll mit angenehmen Erlebnissen.

Achten Sie auf ausreichend Schlaf, auf eine ausgewogene Ernährung, die Ihnen schmeckt und „verhätscheln" Sie sich ruhig etwas.
Werden Sie sich über die Rollen im System Mobbing klar und schützen Sie sich. Hier ist es unter Umständen ebenfalls hilfreich, sich über Berater, Therapeuten und ähnliche Anlaufstellen Hilfe zu suchen. Nicht jeder schafft es, sich im Alleingang mit Hilfe von Mentaltechniken, Bildern und Glaubenssätzen so weit zu schützen, dass die „dünne Haut" vor neuen Verletzungen verschont bleibt.

7.4.1 Bach-Blüten

Begleitend nehmen einige meiner Klienten zur Unterstützung Bach-Blüten ein. Dabei handelt es sich um homöopathische Mittel, die in Form von Tropfen und inzwischen auch als Globuli erhältlich sind. Sie haben die

Möglichkeit, sich durch einen der zahlreichen Bach-Blütentests im Internet zu klicken, um Ihre persönliche Blütenmischung herauszufinden. Mit den betreffenden Blütennamen gehen Sie dann in eine Apotheke und lassen sich entweder eine Mischung herstellen oder Sie kaufen die Blüten einzeln und mischen sie sich zu Hause selbst. Sie können auch im Internet nachsehen, ob es in Ihrer Nähe jemanden gibt, der sich mit Bachblüten auskennt und in einem Beratungsgespräch die entsprechenden Blüten für Sie auswählt. Neben den Bachblüten zum Einnehmen gibt es auch Bach-Blütenkarten, die zur Meditation gedacht sind. Es lohnt sich auf jeden Fall, sich mit der vielfältigen Einsatzmöglichkeit der Bach-Blüten näher zu befassen.

7.5 Nichts geht mehr?

Sie sind zu erschöpft und können sich zu nichts mehr aufraffen? Die Situation hat sich schon auf Ihre körperliche und psychische Gesundheit ausgewirkt? Berichten Sie Ihrem Arzt, was passiert ist. Lassen Sie sich gegebenenfalls an einen Facharzt überweisen. Achten Sie bei einer Überweisung an einen Psychotherapeuten oder Psychologen darauf, dass derjenige sich wirklich mit dem Thema Mobbing auskennt (siehe das Kapitel „Woran man einen guten Berater erkennt"). Vielleicht wenden Sie sich sogar an eine Fachklinik.
Nehmen Sie sich die Zeit, die Sie brauchen, um wieder auf die Beine zu kommen. Achten Sie aber auch darauf, dass Sie sich nicht völlig in ein Schneckenhaus verkriechen und total isolieren. Nutzen Sie die Beratung / Therapie, um wieder zu Kräften zu kommen.

7.6 Wie kann man nach einem Mobbing-Vorfall zu einem normalen, unbeschwerten Leben zurückkehren?

Wichtig ist, das Thema für sich selbst einmal richtig aufzuarbeiten. Dem Gemobbten muss klar geworden sein, was Mobbing bedeutet und wie die Situation entstanden ist.

In vielen Fällen geht es darum, wieder Vertrauen aufzubauen. Denn das Gehirn hat „gelernt": Egal was derjenige tut, es ist immer alles falsch, er kann nichts mehr richtig machen. Dieses erlernte Programm muss umgeschrieben werden.

Die „Rückkehr zur Normalität" ist abhängig von der Dauer und Intensität der Mobbinghandlungen, der Vorgeschichte des Gemobbten und der persönlichen Situation und Konstitution des Betroffenen.
Einige Menschen schaffen es, sich wie Münchhausen am eigenen Zopf aus dem Sumpf zu ziehen. Ich hatte schon Fälle, die von einem Psychologen als „schwierig" empfunden wurden, in denen vier Doppelstunden Mobbingberatung ausreichten. Die Betroffene fasste neuen Mut, bewarb sich bei zwei Stellen und konnte am Ende sogar die Traumposition auswählen. Es geht Ihr inzwischen wieder blendend.

Es gibt auch Fälle, bei denen das Mobbing so tiefe Wunden hinterlassen hat, dass ein Klinikaufenthalt notwendig wird.

Ziel einer Mobbingberatung ist immer, in kleinen Schritten und mit Hilfe verschiedener Übungen das Vertrauen in sich selbst und später auch das Vertrauen in andere Menschen zurückzugewinnen. Ein paar Beispiele habe ich hier aufgeführt. Dabei ist zu beachten, dass jede Übung ihren passenden

Zeitpunkt während der Beratung hat und die Aufzählung nur exemplarisch zu verstehen ist:

- Was hat dem Betroffenen in der Vergangenheit geholfen, schwierige Situationen zu meistern? Können diese Bewältigungsstrategien auch heute helfen?
- Positiv-Tagebuch schreiben. (Das ist auch ein wichtiger Ausgleich zum „Mobbing-Tagebuch".)
- Jeden Abend wird mindestens eine Situation aufgeschrieben, die an dem Tag positiv war. Dabei zählt jede „Kleinigkeit":
  - Jemand hat mir die Tür aufgehalten.
  - Jemand hat mich angelächelt, weil ich ihm etwas aufgehoben habe.
  - Meine Kinder haben mich zum Lachen gebracht.
  - Die ersten Frühlingsblumen zeigen ihre Blüten...

KAPITEL 8

Woran man einen guten Anwalt erkennt

Gerichte definieren den Tatbestand „Mobbing" recht eng. Neben der nachzuweisenden, „systematischen Anfeindung" wird in der Regel auch der Begriff „fortgesetzt" verwendet. Das bedeutet, dass die Mobbinghandlungen wiederholt, sehr oft und über einen längeren Zeitraum geschehen müssen.

Häufig findet man in Seminaren und im Internet dazu diese „Übersetzung":

- Wiederholt / sehr oft: mindestens einmal wöchentlich

- Längerer Zeitraum: Mindestens ein halbes Jahr

Jedem, der sich mit dem Thema Mobbing auseinandergesetzt hat, wird klar, dass es sehr schwer ist, diese Punkte nachzuweisen. Außerdem ist man nach einem halben Jahr der mindestens wöchentlichen, systematischen Anfeindung in der Regel zu nichts mehr fähig.

Darum wird ein guter Anwalt, sobald er das Thema Mobbing hört, erst einmal zurückhaltend reagieren. In Gesprächen mit renommierten Kanzleien aus dem Rhein-Main-Gebiet und aus München erklärten mir meine Ansprechpartner unabhängig voneinander:

- Mobbingfälle sind vor Gericht nur schwer „zu gewinnen". In der Regel wird das Thema von den Gerichten kritisch gesehen.

- Ohne wirklich handfeste schriftliche Beweise ist so gut wie gar nichts zu machen. Zeugen fallen meist um.

- Ein Grund, der es notwendig macht, vor Gericht zu gehen, ist das Abwehren einer Kündigung (Kündigungsschutzklage), die darauf beruht, dass der Mobber es „geschafft" hat, den Gemobbten zu diskreditieren. In vielen Fällen enden diese Verfahren in einem Vergleich. Das bedeutet, die Parteien einigen sich darauf, dass das Arbeitsverhältnis aufgehoben wird und der Gemobbte eine Abfindung erhält.

- In einem Mobbingfall vor Gericht „Recht" zu bekommen ist nicht nur schwierig, sondern auch ein langer und harter Weg. Um diesen Weg zu gehen, muss man stark sein und häufig sind die Betroffenen gar nicht in der Verfassung, das durchzuhalten, und erleben vor Gericht noch eine weitere Niederlage.

Suchen Sie nach einem Fachanwalt für Arbeitsrecht. Es sollte ein Spezialist sein, der sich mit der Materie auskennt und Mobbing nicht neben Verkehrs- und Strafrecht eines von tausend Themen ist. Fragen Sie beim Betriebsrat nach, ob er einen Anwalt empfehlen kann, der sich mit der Thematik tatsächlich auskennt. Auch Gewerkschaften und Beratungsstellen können Empfehlungen aussprechen. Dabei gilt: Hören Sie auf Ihr Bauchgefühl! Wenn Sie ein komisches Gefühl haben, lernen Sie gegebenenfalls erst mehrere Anwälte kennen, bevor Sie einen beauftragen.

Achtung! Wenn Sie keine Rechtsschutzversicherung haben, lassen Sie sich noch vor dem ersten Gespräch vom Anwalt eine (möglichst schriftliche) Auskunft darüber gehen, was Sie im Einzelnen bezahlen. Schon ein einzelner Brief eines Rechtsanwalts kann sehr teuer werden. Hinterfragen Sie, welche

Leistungen des Anwalts Kosten auslösen und wie hoch diese sind (auch im laufenden Prozess). Auch die Frage, wie hoch die Gesamtkosten werden könnten, ist wichtig.

Am Ende steht man vor der Gretchenfrage: Investiert man in einen Prozess oder in eine Beratung / einen Coach. Den Satz „Hätte ich nur lieber direkt in eine Beratung bei Ihnen investiert, der Rechtsweg hat Unsummen verschlungen und mir nicht wirklich etwas gebracht..." höre ich immer wieder.

KAPITEL 9

Woran man einen guten Berater erkennt

Auf dem Markt tummeln sich viele Berater / Coachs / Therapeuten / Trainer, die „unter anderem" das Thema Mobbing auf dem Schild führen. Um es einfacher zu machen, nutze ich jetzt nur das Wort „Berater". Gemeint sind alle „helfenden Berufe", an die Sie sich zum Thema Mobbing wenden können. Ein guter Berater, der sich wirklich mit dem Thema auskennt...

- muss Ihnen in erster Linie sympathisch sein. Wenn Sie merken, dass Sie mit Ihrem Gegenüber nicht „grün" werden, sollten Sie weiter suchen. Wichtig ist, dass Sie sich „aufgehoben" fühlen. Versuchen Sie gegebenenfalls am Telefon einen ersten Eindruck zu gewinnen. Informieren Sie sich im Internet, ob der Berater Informationen zum Thema zur Verfügung stellt. Auf diesem Weg werden Sie feststellen, wie intensiv derjenige sich mit dem Thema auseinander gesetzt hat.

- gibt Ihnen Auskunft darüber, wie lange er das Thema Mobbing behandelt und ob es sein Fachgebiet ist.

- lässt Sie erst einmal erzählen, hört Ihnen zu und sammelt alle Fakten.

- lässt erkennen, dass er sich mit dem Prozess von Mobbing auskennt – wenn Sie dieses Buch gelesen haben, werden Sie schnell merken, ob Sie

einen wirklichen Fachmann vor sich haben ☺.
Vielleicht hinterfragt Ihr Ansprechpartner auch das eine oder andere. Das ist in Ordnung, denn für den weiteren Weg ist es wichtig herauszufinden, ob es wirklich um Mobbing geht oder es sich um einen Konflikt oder schlechtes Benehmen handelt.

- fängt nicht an, das Verhältnis zu Ihren Eltern zu analysieren, oder fragt Sie in den ersten beiden Stunden intensiv nach den „Eigenanteilen" in der Situation. Mobbing findet in der Gegenwart statt. Wenn der Berater den Eindruck hat, dass es sich nicht um Mobbing handelt, sollte er Ihnen das zu verstehen geben. Fragen Sie ruhig nach, wenn so etwas passiert. Vielleicht wollte der Berater für sich die Situation klären. Sollte aber die gesamte Behandlung darauf hinauslaufen, die Gründe des Mobbings bei Ihnen zu suchen, sind Sie an der falschen Adresse gelandet. Zu einem späteren Zeitpunkt kann man auch über „Muster" aus der Vergangenheit sprechen, um zu verhindern, dass sich Situationen wiederholen oder man in der Zukunft eventuell einen „normalen" Konflikt als Mobbing interpretiert, weil das Unterbewusstsein etwas so abgespeichert hat. (Sie wissen schon, die erlernten Verhaltensmuster...) Zu Beginn einer Mobbingberatung ist das nicht angebracht und eventuell ist es bei so einer Vorgehensweise besser, nach einem anderen Berater zu suchen.

- muss oft selbst bezahlt werden. Darum fragen Sie nach, was es kostet, wie lange eine Behandlung voraussichtlich dauern wird und wie die Behandlung abläuft. (Wie geht der Berater vor / was machen wir in der Beratung, etc.)

- muss nicht unbedingt ein Mobbingspezialist sein, wenn er „auf Ihrer Wellenlänge" liegt und Möglichkeiten findet, Sie aufzubauen und Ihnen einen positiven Blick auf die Menschheit zurückzugeben.

Das Wichtigste an einem guten Berater ist, dass er Ihnen hilft sich selbst zu helfen.

Unter Umständen ist auch eine Selbsthilfegruppe für Sie der richtige Weg. Dort treffen Sie auf Menschen, denen Ähnliches widerfahren ist. Das kann sehr hilfreich sein, denn viele Betroffene haben das Gefühl, etwas falsch gemacht zu haben. Wenn man dann feststellt, dass wildfremden Menschen in einem völlig anderen Umfeld genau das Gleiche geschehen ist, erkennt man schnell, dass Mobbing ein Prozess ist, in den man einfach unbeteiligt geraten kann.

Auf den letzten Seiten dieses Buches finden Sie verschiedene Anlaufstellen, an die Sie sich wenden können.

9.1 Ein Wort zu Medikamenten

Es gibt Fälle, in denen das Mobbing zu tiefgreifenden Erkrankungen geführt hat, die eine medikamentöse Behandlung notwendig machen (z.B. Depressionen, Angststörungen, etc.) Das Medikament sollte zu Ihnen und der Situation passen. Es ist mir persönlich vor vielen Jahren passiert, dass ein Hausarzt mir einfach eine Schachtel Antidepressiva über den Tisch geschoben hat mit den Worten: „Nehmen Sie morgens und abends eine, dann wird das schon..." DAS ist mit Sicherheit nicht der richtige Weg. Bei Mobbing ist es besonders wichtig, dass die Therapie zum Geschehen passt. Das gilt für den Therapeuten wie für die Medikamente. Hinterfragen Sie genau, was mit Ihnen passieren soll, welche Therapieform man für Sie wählt und erkundigen Sie sich gegebenenfalls bei einer der Adressen im Anhang, wenn Sie das Gefühl haben, dass Sie sich mit dem gewählten Verfahren nicht wohl fühlen.

KAPITEL 10

Tipps für Betriebsräte

10.1 Wie erkennen Sie, ob in Ihrem Unternehmen Mobbing existiert?

Das Wichtigste ist eine solide Grundausbildung zum Thema Mobbing. Besonders durch die starke Medienpräsenz besteht sogar die Gefahr, dass die Mobbing-Thematik von vielen Menschen nicht mehr ernst genommen wird. Alle möglichen Konflikte, mangelnder Respekt und schlechtes Verhalten werden als Mobbing bezeichnet. Durch die Grundausbildung können Sie Mobbing und Konflikte viel leichter auseinander halten, echte Mobbing-Situationen erkennen und sind in der Lage, Ihren Kolleginnen und Kollegen sicher zu begegnen.

10.2 Sinnvolle Schulungen / Weiterbildungen

Es empfiehlt sich, je nach Betriebsgröße 1-3 Betriebsräte auf Seminare zum Thema Mobbing zu entsenden. Ich persönlich bevorzuge Schulungsanbieter, die das Thema nicht ausschließlich von Anwälten, sondern auch von Pädagogen, Psychologen und Leuten aus der Praxis schulen lassen. Die Ausbildung sollte vielfältig sein. Meist werden mehrteilige Kurse angeboten, die im ersten Teil Grundlagen vermitteln, aber auch schon erste Anstöße in Richtung Prävention und Umgang mit dem Thema im Unternehmen beinhalten. Im zweiten Teil stehen dann der Erfahrungsaustausch und die Vertiefung der Thematik im Vordergrund. Es gibt inzwischen sehr viele Ausbildungen zum Mobbing- und Konfliktberater. Auch spezielle Workshops, in denen das Beraten und Betreuen von Mobbing-Betroffenen und das Führen von Gesprächen mit den Mobbing-Parteien ausführlich geübt wird, sind sehr empfehlenswert.

Sind die Grundlagen im Gremium vorhanden, besteht ein weiterer Schritt darin, Umfragen zum Thema „Konflikte" oder sogar konkret zum Mobbing durchzuführen. Vor der Durchführung einer Umfrage zum Thema Mobbing sollten Sie Ihre Belegschaft ausführlich zum Thema informieren. Valide, ernstzunehmende Daten können Sie nur erwarten, wenn die Teilnehmer auch wissen, was gemeint ist. Häufig wird auch die Geschäftsführung eher bereit sein, sich mit dem Thema auseinanderzusetzen, wenn es mit „Konflikte" betitelt ist.

Dabei sollten Sie unbedingt die Anonymität der Teilnehmer gewährleisten und immer Gruppen von mindestens fünf „gleichen" Teilnehmern zusammenfassen. Das heißt zum Beispiel, wenn in einer Abteilung nur drei Frauen und zwei Männer arbeiten, muss die Gruppe geschlechtsneutral ausgewertet werden, d.h. dieser Punkt wird für diese Gruppe in der Auswertung nicht berücksichtigt. Wollen Sie die Betroffenheit der Geschlechter auswerten, müssen sie diese kleine Gruppe der nächst größeren Gruppe zuordnen, so dass mindestens die Zahl 5 erreicht wird. Das Gleiche gilt für Altersgruppen, Arbeitsgruppen, etc.

10.2 Sinnvolle Schulungen / Weiterbildungen

Hier finden Sie Beispiele zu zwei Umfragevarianten (Quelle: ifb):

Anonymer Fragebogen zum Thema „Mobbing"

1. Wie empfinden Sie persönlich das „Klima" am Arbeitsplatz?
   ☐ Gut   ☐ Erträglich   ☐ Eher schlecht

2. Fühlen Sie sich an ihrem Arbeitsplatz anerkannt?
   ☐ Ja, von: ☐ Vorgesetzten   und/oder   ☐ Kollegen
   ☐ Nein

3. Hat das Arbeitsklima Einfluss auf Ihr körperliches Wohlbefinden?
   ☐ Ja   ☐ Nein
   Wenn ja, in welcher Form? _____

4. Sind Sie selbst schon einmal mit dem Thema Mobbing konfrontiert worden?
   ☐ Ja, als   ☐ Beobachter   ☐ Betroffener
   Wenn ja, wann? (Jahr) _____
   ☐ Nein (bitte weiter mit Frage 12)

5. Wenn Sie Betroffener sind, von wem werden oder wurden Sie schikaniert?
   ☐ Vorgesetzte/r   ☐ einzelnen Kollegen   ☐ Kollegengruppe

6. Haben Sie jemanden darüber informiert?
   ☐ Ja   ☐ Nein
   Wenn ja, wen? (Betriebsrat, Kollegen, Vorgesetzte, Hausarzt?) _____

7. Wird Ihre Arbeit beeinträchtigt? (Zum Beispiel Motivation, Leistung, etc.) _____

8. Sind Sie persönlichen Angriffen ausgesetzt?
   ☐ Ja   ☐ Nein

9. Haben Sie etwas gegen diese Schikanen unternommen?
   ☐ Ja   ☐ Nein
   Wenn ja, was? _____

10. Werden Sie spürbar benachteiligt oder unter Druck gesetzt?
    ☐ Ja   ☐ Nein
    Wenn ja, wie? (Zum Beispiel durch Nicht-Beförderung, Isolation,…) _____

10 Tipps für Betriebsräte

Anonymer Fragebogen zum Thema „Mobbing"

11. Wie sehen die Benachteiligungen für Sie persönlich aus?
 Zum Beispiel
 - ☐ sinnlose Aufgaben
 - ☐ Unterforderung / Überforderung
 - ☐ Wichtige betriebliche Informationen werden vorenthalten
 - ☐ Ständige Kritik an meiner Arbeit
 - ☐ Mündliche oder schriftliche Androhungen, erhöhter „Druck"
 - ☐ Körperliche Gewalt
 - ☐ Diskriminierung: z.B. Nationalität, Religion, Behinderung
 - ☐ Gerüchte werden verbreitet
 - ☐ Gesundheitliche Probleme treten auf
 - ☐ Sexuelle Belästigung
 - ☐ Soziale Benachteiligungen
 - ☐ Negative Auswirkungen auf das Privatleben
 - ☐ Ich werde lächerlich gemacht
 - ☐ Nicht-Berücksichtigung bei Beförderungen /Weiterentwicklung
 - ☐ Isolierung, Ausschluss von Treffen und Gesprächen
 - ☐ Ausgrenzung aus der Gruppe / dem Arbeitsteam
 - ☐ „Sabotage" meiner Arbeiten
 - ☐ Meine Ideen und Entscheidungen werden ständig in Frage gestellt
 Sonstige Benachteiligungen: _____

12. Wie schätzen Sie Ihre Bereitschaft ein, in Konfliktsituationen einen Beitrag zur Lösung zu leisten?
 ☐ bereit ☐ weniger bereit ☐ nicht bereit

Überdenken Sie in Ruhe Ihre Antworten. Waren Sie bereits Zeuge von Mobbing oder sind Sie selbst betroffen?

Scheuen Sie sich nicht, Kontakt mit dem Betriebsrat oder einer Person Ihres Vertrauens aufzunehmen. In Ruhe können Sie dort über Ihre Situation berichten und gemeinsam nach einer Lösung suchen.

An folgenden Symptomen erkennen Sie, dass Sie **externe** Hilfe benötigen:

- Körperliche Beschwerden (z. B. Kopf-, Magenschmerzen, Schlafstörungen)
- Psychische Störungen (z. B. Konzentrationsprobleme, Selbstzweifel, Depressionen)

Diese Hilfe finden Sie unter anderem bei: Hausarzt, Rechtsanwalt, Therapeuten, Selbsthilfegruppen

FREIWILLIGE statistische Angaben:
☐ weiblich ☐ männlich

Arbeiten Sie in einer Arbeitsgruppe? ☐ ja ☐ nein

10.2 Sinnvolle Schulungen / Weiterbildungen

Beispiel für eine Umfrage zum Thema „Konflikte"

Seit dem Jahr XXXX existiert die Betriebsvereinbarung zum Thema Mobbing (In manchen Unternehmen heißt diese BV „partnerschaftlicher Umgang am Arbeitsplatz"). Seit dieser Zeit hat der Betriebsrat Schulungen zum Thema besucht, unsere Kolleginnen und Kollegen zum Thema informiert und zum Teil auch beraten. Wir möchten mittels dieser Umfrage feststellen, ob sich das Klima seit dem verändert hat.

Selbstverständlich erfolgt die Auswertung anonym. Aus diesem Grund haben Sie die Möglichkeit, den ausgefüllten Fragebogen per Post an uns zu senden. Das Formular finden Sie zum Herunterladen und Ausdrucken auch im Intraweb auf der Startseite des BR.

Da eine Umfrage nur dann wirklich repräsentativ ist, wenn möglichst viele Mitarbeiter teilnehmen, legen wir Ihnen diese Umfrage besonders ans Herz!
Wir möchten ausdrücklich auch die Vorgesetzten darum bitten, diesen Fragebogen auszufüllen. Die Anonymität bleibt auf jeden Fall gewährleistet. Wer sich als Vorgesetzter „outen" möchte, kann dies ganz unten bei den statistischen Angaben mit einem handschriftlichen Vermerk „V" tun.

1. Waren Sie seit dem Jahr XXXX in einer beruflichen Konfliktsituation?
☐ Ja ☐ Nein

Wenn Ja, stand der Konflikt im Zusammenhang mit Kollegen/ Mitarbeitern…

☐ der eigenen Abteilung
☐ und / oder einer anderen Abteilung
☐ und / oder mit dem Vorgesetzten

2. Haben die Beteiligten den Konflikt selbst lösen können?
☐ Ja ☐ Nein

3. Haben Sie den Konflikt mit Hilfe Dritter gelöst?
☐ Ja ☐ Nein

Wenn Ja, war der Betriebsrat beteiligt?
☐ Ja ☐ Nein

4. Waren Sie mit der Beratung durch den BR zufrieden?
☐ Ja ☐ Nein

Wenn nicht, warum nicht?
_____

5. Wenn Sie in eine Konfliktsituation kommen sollten, würden Sie bei Bedarf den BR konsultieren?
☐ Ja ☐ Nein

Wenn Nein, warum nicht
_____

6. Hier haben Sie die Möglichkeit dem BR Wünsche / Verbesserungsvorschläge zum Thema Konflikte / Beratungen mitzuteilen
_____

7. Noch ein paar statistische Fragen:

Sie sind tätig in ☐ Abteilung 1 ☐ Abteilung 2
Sie sind ☐ männlich ☐ weiblich
(ggfs. Altersgruppen)

Ganz wichtig ist, dass Sie die Ergebnisse der Umfrage auch präsentieren. Dazu gehören auch die statistischen Daten über den Rücklauf. Dies kann zum Beispiel so dargestellt werden:

Rücklauf
Von den im Monat Februar 20xx beschäftigten xxx Mitarbeitern (inkl. Zeitverträge) haben xxx Mitarbeiter geantwortet. Das entspricht einem Rücklauf von xx,xx Prozent.

Freiwillige statistische Angaben Arbeiten Sie in einer Arbeitsgruppe?
Ja: xx
Nein: xx
Weiblich: xx
Männlich:xx

Danach erfolgt die Auswertung der Fragen gemäß den gemachten Angaben (in Zahlen bzw. Prozent). Man kann die Ergebnisse zusätzlich auch grafisch darstellen.

Wenn der Rücklauf gut war und die Zahlen aussagekräftig sind, besteht zusätzlich die Möglichkeit, aus den Angaben Rückschlüsse zu ziehen. Aber Achtung! Hier besteht immer die Gefahr, dass man eine einseitige Sichtweise vorgeworfen bekommt. Bleiben Sie bei den Interpretationen der Zahlen sachlich, untermauern Sie Ihre Behauptungen mit zusätzlichen Tatsachen, die Ihnen zum Beispiel aus Ihrer täglichen Arbeit bekannt sind.

Grundsätzlich sollte man in einer Präsentation lieber nicht auf bestimmte Arbeitsbereiche verweisen, es sei denn, diese Bereiche sind groß genug (zum Beispiel Innendienst im Vergleich zum Außendienst). Es besteht sonst die Gefahr, dass sich die betreffende Abteilung „vorgeführt" fühlt und sich gegen die Darstellung des Betriebsrats vehement wehrt, obwohl wirklich ein Problem vorliegt.

In der Regel genügt es, die Zahlen sprechen zu lassen. Wenn sie Hypothesen und Behauptungen aufstellen, dann machen Sie diese unbedingt auch als solche deutlich. Es wäre schade, wenn eine wirklich aussagekräftige Umfrage durch einzelne, angreifbare Interpretationen ins Unsachliche gezogen und damit für die Diskussion unbrauchbar gemacht wird.

Manchmal ist es sinnvoll, das Ergebnis einem unbeteiligten Dritten (vielleicht einer Kollegin oder einem Kollegen) zu zeigen. Es kann passieren, dass das ganze Gremium die Präsentation als sachlich und neutral empfindet. Jemand, der sich mit dem Thema noch nicht so intensiv auseinandergesetzt hat, kann das völlig anders sehen. Wenn Sie in der Personalabteilung oder unter den Führungskräften einen Ansprechpartner haben, dem Sie besonders vertrauen, dann testen Sie ruhig an dieser Stelle die Wirkung Ihrer Präsentation!

10.3 Welche Möglichkeiten hat der Betriebsrat?

Sie haben als Betriebsrat verschiedene Handlungsmöglichkeiten. Bevor Sie eine Betriebsvereinbarung abschließen, in der Sie alle möglichen Prozesse und Repressalien beschreiben, sollten Sie sich intensiv mit Ihrem Unternehmen und der Streitkultur auseinandersetzen.

Wie werden Konflikte bei Ihnen geregelt? Geht man offen mit Problemen um? Oder werden unangenehme Situationen gemieden und schwierige Themen totgeschwiegen? Es ist nichts gegen eine gute Betriebsvereinbarung zu sagen, die alle möglichen Fälle regelt. Schwierig wird es, wenn ein Mitarbeiter mit einer Mobbing-Problematik zu Ihnen kommt und die Einhaltung der Betriebsvereinbarung einfordert. Spätestens in so einem Moment wird sich herausstellen, wie tragfähig die festgelegten Prozesse und Lösungen sind.

Im optimalen Fall setzen sich die ausgebildeten Betriebsräte mit der Personalabteilung und der Geschäftsführung an einen Tisch und reden darüber, wie man gemeinsam in Konfliktfällen vorgehen möchte und was passiert, wenn ein echter Mobbing-Fall auftritt. Auch die Vorgehensweise in unklaren Situationen sollte besprochen werden. Hier kann auch angefragt werden, wie die Geschäftsführung zur Möglichkeit der Mediation durch externe Berater steht. Auch für Führungskräfte ist es extrem wichtig, Mobbing frühzeitig zu erkennen und dann auch unterbinden zu können. Empfehlen Sie ruhig Ihre Referenten, wenn Sie das Gefühl haben, dass die Schulung inhaltlich und konzeptionell bei Ihren Führungskräften gut ankommen würde. Viele Schulungsanbieter haben sogar spezielle Angebote für Führungskräfte.

Die Auseinandersetzung mit der „Streitkultur / Konfliktkultur" im Unternehmen ist auch hinsichtlich der Beratung von Mobbing-Betroffenen wichtig. Je nachdem, wie offen die Führungskräfte für echte Lösungen und die Auseinandersetzung mit Konflikten sind, hat eine entsprechende Begleitung und Beratung des Betroffenen Erfolg.

Wenn Sie genau wissen, dass Konflikte in Ihrem Unternehmen in den meisten Fällen mit Geld gelöst werden, dann sollten Sie das im Verlauf der Beratung (nicht gleich zu Beginn!) auch dem Betroffenen sagen. Es wäre unfair, jemanden immer wieder zu Auseinandersetzungen in die „ganz persönliche Hölle" zu schicken, wenn der Ausgang von vornherein klar ist.

Egal, wie die Situation in Ihrem Unternehmen ist: Es macht auf jeden

10.4 Normales Beratungsgespräch und Mobbingberatung - Unterschiede

Fall Sinn, sich intensiv mit dem Thema auseinanderzusetzen und sich mit Informationsmaterial zu versorgen. Stellen Sie ein kleines Informationspaket zusammen, schreiben Sie eine DIN-A5 Broschüre für Ihre Kolleginnen und Kollegen, in der kurz erläutert wird, wie sich Mobbing und Konflikt unterscheiden, was im akuten Fall wichtig ist, welche konkreten Anlaufstellen es im Unternehmen gibt und gegebenenfalls noch einen Verweis auf die Betriebsrats-Homepage mit weiterführenden Informationen. Sammeln Sie Internet-Seiten, die Ihnen hilfreich erscheinen und auf die Sie verlinken können.

Wenn Sie eine Broschüre erstellen, fassen Sie sich kurz. Mobbing kann man nicht auf einem Flyer erklären. Aber es ist durchaus möglich, die wichtigsten Informationen (zum Beispiel auch mit einem Hinweis auf eine abgeschlossene Betriebsvereinbarung) zusammenzufassen, so dass derjenige im „Notfall" weiß, wohin er sich wenden kann und wie er sich am besten in der Akutsituation verhält.

10.4 Wie unterscheidet sich ein normales Beratungsgespräch von einem Gespräch mit einem Gemobbten?

Ein Kollege hat sich bei Ihnen angekündigt und möchte gerne ein Beratungsgespräch. Im Verlauf des Gespräches hören Sie (als gut geschulter Betriebsrat) heraus, dass es sich um Mobbing handelt. In der Regel kostet es den Betroffenen sehr viel Überwindung, sich Hilfe zu suchen. Die Gemobbten fühlen sich unsicher und verwirrt, zum Teil empfinden sie sich sogar als unfähig. Die Angst, erneut Ablehnung zu erfahren, ist sehr groß, die Sensibilität hinsichtlich Anfeindungen und möglichen Angriffen ist bei den Betroffenen sehr stark ausgeprägt.

1. Gesprächsvorbereitung

Nehmen Sie sich Zeit! Wenn Sie merken, dass es tatsächlich um Mobbing geht, und Sie nur sehr begrenzt Zeit haben, dann erklären Sie das dem Kollegen. Sagen Sie ihm, dass Sie sich gerne ausreichend Zeit nehmen möchten, damit Sie mit Ihrer Aufmerksamkeit auch wirklich voll bei ihm sind und niemand das Gespräch unterbricht.

Führen Sie das Gespräch in einem geschützten Rahmen! Es gibt nichts Schlimmeres, als ein Beratungsgespräch, in dessen Verlauf ständig das Telefon klingelt oder jemand dazwischen platzt. Wenn Sie spontan angesprochen werden oder Ihnen normalerweise kein entsprechender Raum zur Verfügung steht, dann erklären Sie die Situation und finden Sie einen Termin und Besprechungsort, der ein längeres und ungestörtes Gespräch ermöglicht.

2. Gesprächsführung

Führen Sie das Gespräch ruhig und gelassen. Versuchen Sie durch Ihre Ruhe das Erregungsniveau des betroffenen Kollegen zu dämpfen.

Lassen Sie dem Betroffenen viel Zeit, lassen Sie ihn einfach erzählen. Stehen Sie dem Betroffenen als Zuhörer zur Verfügung, vermitteln Sie das Gefühl, dass Sie ihr Gegenüber ernst nehmen. Der Betroffene fühlt sich in dieser Situation häufig das erste Mal angenommen.

Seien Sie sachlich und empathisch - annehmend. Werden Sie dabei bitte nicht euphorisch - bemutternd. Das kann der Betroffene in diesem Moment in der Regel auch gar nicht annehmen. Hören Sie zu! Der größte Fehler ist, sofort mit Tipps und Tricks loszulegen. Lassen Sie sich die gesamte Situation erklären. Natürlich können Sie Fragen stellen, wenn Sie sich nicht sicher sind, ob Sie etwas richtig verstanden haben. Eine Entlastung des Betroffenen entsteht schon durch die Tatsache, dass Sie zuhören, ohne kritisch zu

10.4 Normales Beratungsgespräch und Mobbingberatung - Unterschiede

hinterfragen oder Vermutungen über einen „Eigenanteil" anzustellen. Für eine objektive Klärung des Falles ist auch später noch Zeit.

Bestärken Sie den Betroffenen dahingehend, dass er bis zu diesem Zeitpunkt schon viel Stärke gezeigt hat, die Situation zu meistern.

Fragen Sie nach dem sozialen Umfeld des Betroffenen. Besteht die Möglichkeit, sich durch positive Freizeitaktivitäten zu stärken? Machen Sie den Betroffenen darauf aufmerksam, dass er seine Familie / sein soziales Umfeld als Kraftquelle nutzen sollte. Wenn möglich, sollte die Mobbing-Problematik zu Hause kein bestimmendes Thema sein (siehe auch Kapitel „Tipps für Betroffene"). Unter Umständen kann es auch im Erstgespräch sinnvoll und notwendig sein, den Betroffenen aufzufordern, alles, was bisher geschehen ist, und die kommenden Vorkommnisse zu dokumentieren (Sammeln von Beweisen, Führen eines Mobbing-Tagebuchs). Wenn es sich deutlich herauskristallisiert, dass es ein Mobbing-Fall sein kann, bieten Sie dem Betroffenen Informationsmaterial an, das er sich zu Hause in Ruhe durchlesen kann.

10.4.1 Das sollten Sie in der Gesprächsführung vermeiden

Verharmlosen Sie die Vorkommnisse nicht! Ab einem gewissen Zeitpunkt werden für jemanden, der schon seit längerer Zeit Mobbing ausgesetzt ist, selbst kleinste Sticheleien zur schwerwiegenden Belastung.

Vermeiden Sie pauschale Tröstungen. („Das wird schon wieder, ist doch alles nicht so schlimm".) Besser sind Äußerungen wie: „Es ist kaum vorstellbar, wie Du dich fühlen musst." „Ich bewundere die Stärke, mit der Du das bis jetzt durchgestanden hast." „Wir werden Dich ab jetzt unterstützen – Du musst nicht mehr alleine mit der Situation zurechtkommen."

Auch voreilige Ratschläge sollte man beim Erstgespräch vermeiden. Das Wichtigste ist, dass der Betroffene etwas zur Ruhe kommt und Sie sich ein möglichst umfassendes Bild von den Beteiligten und den Vorkommnissen machen. Später können Sie dann Handlungsstrategien vereinbaren. Das geht bei manchen Betroffenen schneller, andere sind froh, erst einmal ihren Ballast losgeworden zu sein.

Bei solchen Fällen, die nach dem Erstgespräch „abtauchen", sollten Sie vorsichtig und unauffällig nachhaken, wie es demjenigen geht. Wenn er weitere Hilfe dankbar ablehnt, bieten Sie ihm an, jederzeit zu Ihnen kommen zu können. Wenn das nicht passiert, ist das für Sie okay. Sie sind ja kein „Weltenretter". Unter Umständen braucht der Betroffene auch einfach noch etwas Zeit, um herauszufinden, wie er mit der Situation weiter umgehen möchte.

Ich habe in meiner Zeit als Betriebsrätin und auch als Dozentin hin und wieder mit Menschen zu tun, die sich gerne in der Rolle des „Retters" sehen. Sie haben oft das Gefühl, dass von Problemen betroffene Menschen einfach zu „schwach" sind, um sich zu wehren, und nehmen deren Geschick und Schicksal dann in die Hand. Damit entmündigen sie aber nicht nur den Betroffenen, sondern erweisen demjenigen in Verhandlungen ganz häufig auch einen „Bärendienst".

Wenn man nicht weiß, in welche Richtung der Beratene wirklich will, kommt es nicht selten vor, dass das ausgehandelte Ergebnis, das einem selbst als „perfekt" erscheint, überhaupt nicht den Interessen des Betroffenen entspricht. Statt Dank erntet man Missmut und ärgert sich über den „undankbaren Zeitgenossen" und eilt zum nächsten „Opfer". (Mit dieser Handlungsweise macht man Betroffene übrigens wirklich zum „Opfer".)

10.4 Normales Beratungsgespräch und Mobbingberatung - Unterschiede

Machen Sie keine voreiligen Zusicherungen! Es gibt kaum etwas Schlimmeres als Versprechungen, die man nicht einhalten kann.

Bleiben Sie bei Zusagen zurückhaltend und bedächtig. Die Formulierungen „wir versuchen", „wir schauen mal", „lass uns mal sehen, ob..." sind geeignet, einen Rahmen um Handlungsweisen zu legen, den Sie auch einhalten können. „Das schaffen wir auf jeden Fall", „den kriegen wir" oder „der ist nicht mehr lange hier" sind eher problematisch.

In den weiteren Schritten wird es nötig sein, sich ein möglichst breites Bild von der Situation zu machen. Erkundigen Sie sich vorsichtig bei den vom Betroffenen benannten Zeugen, wie die Arbeitssituation ist, ob es viel Stress gibt, wie es „sonst so läuft". Achten Sie auch auf kleine Signale!

Auf keinen Fall sollten Sie in dieser „Beweissammlungsphase" konkret vom Mobbingfall sprechen, den Betroffenen mit dem Mobber konfrontieren oder mehrere Personen gleichzeitig befragen.

Nach meiner Erfahrung laufen viele Mobbingsituationen auf eine „Entfernung" des Betroffenen hinaus. Wägen Sie darum genau ab, wie sinnvoll es ist, in Konfrontationsgespräche zu gehen. Unter Umständen kann die Begleitung durch den Betriebsrat auch darin bestehen, den Anwalt des Betroffenen so gut es geht mit Argumenten und Beweisen zu versorgen.

Die gesamte Beschreibung eines Begleitprozesses würde den Rahmen dieses Buches sprengen. Es ist auch wesentlich sinnvoller, die Mobbingberatung von der Pike auf in einem Seminar zu erlernen, ausgiebig zu üben und sich mit anderen Betriebsräten zu den Erfahrungen in diesem Bereich auszutauschen.

10.5 Weitermachen, obwohl der Fall eine „Nummer zu groß ist"?

Wenn Sie merken, dass Ihnen ein Fall über den Kopf wächst, dann holen Sie sich Unterstützung! Vielleicht sind Sie indirekt selbst betroffen, Ihnen ist der Betroffene einfach nur unsympathisch oder sie haben eine Heidenangst vor dem möglichen „Mobber"? Keiner erwartet von Ihnen, dass Sie wie Superman in den blauen Anzug springen und alleine die Welt retten! Fragen Sie einen ausgebildeten Kollegen, ob er Sie unterstützen kann. Sie können den Fall gemeinsam angehen. Auch wenn Sie das Gefühl haben, dass von Seiten des Betroffenen die „Chemie" zwischen Ihnen nicht stimmt, sprechen Sie es freundlich und offen an und bieten Sie an, dass Sie den Fall gemeinsam angehen oder den Fall ganz übergeben.

Vielleicht ist es sogar sinnvoll, einen Mediator hinzuzuziehen. Bis zu einem gewissen Grad ist auch bei Mobbing eine Mediation durchaus noch wirksam. Hilfreich ist in so einem Fall, wenn das Wort „Mobbing" noch nicht offiziell gefallen ist. Der Mediator kann in der Regel nach Schilderung der Situation schon recht gut einschätzen, ob eine Mediation noch sinnvoll ist.

Manche Schulungsanbieter haben auch Supervisionsgruppen im Programm, in denen sich die Teilnehmer in regelmäßigen Abständen treffen und zu schwierigen Fällen austauschen.

10.6 Die „Fallen" bei der Mobbingberatung

Vorsicht – Instrumentalisierung! Es gibt durchaus Zeitgenossen, die in der Lage sind, auch einen gestandenen Mobbingberater im ersten Augenblick an

10.6 Die „Fallen" bei der Mobbingberatung

der Nase herumzuführen. Wenn jemand aufgebracht in meine Praxis oder mein Büro stürmt und brüllt: „Unverschämtheit – ich werde gemobbt, da müsst Ihr was machen!", werde ich schon sehr vorsichtig. Das „klassische Mobbingopfer" ist eher vorsichtig und zurückhaltend. Aber es gibt natürlich auch clevere Zeitgenossen, die sehr subtil vorgehen und versuchen, jemanden in Misskredit zu bringen. Da hilft nur eines: Genau zuhören, sich eventuell auch noch einmal beschreiben zu lassen, was passiert ist, und auf das eigene Bauchgefühl zu achten. Beobachten Sie dabei auch die Gestik und Mimik des Gegenübers. Häufig verraten sich die „falschen Opfer" irgendwann. Meist ist es ein scheinbar unbeobachteter Moment, in dem plötzlich dem „Opfer" ein zufriedenes Grinsen über das Gesicht huscht.

In Fällen, in denen ich unsicher bin, ob ich jemandem auf den Leim gehe, ziehe ich immer eine zweite ausgebildete Person hinzu. Das lässt sich auch dem Betroffenen gegenüber erklären. Man holt sich weiteren Sachverstand zu Hilfe, weil der Fall gar nicht so einfach ist. (Da ich das wirklich auch bei schwierigen Fällen tue, ist das nicht einmal gelogen.)

Im schlimmsten Fall merken Sie erst relativ spät, was passiert ist. Lassen Sie sich nicht davon entmutigen! Wenn Sie so wie oben beschrieben vorgegangen sind, haben Sie sachlich gearbeitet und alles dokumentiert. Es dürfte nicht zu viel schiefgehen. Denken Sie an alle „echten Betroffenen", denen Sie schon geholfen haben oder noch helfen werden und haken Sie den Fall einfach als „Lehrgeld" ab.

10.7 Wie schützen Sie sich selbst als Mobbingberater im Unternehmen?

Wenn Sie der einzige „Mobbingberater" im Unternehmen sind, kann es passieren, dass Sie irgendwann an Ihre Grenzen stoßen. Es ist wichtig, dass Sie sich und Ihren Gesundheitszustand im Auge behalten, um nicht irgendwann in der Burnout-Schleife festzuhängen.
Anders als ein Anwalt, Arzt oder externer Berater gehören Sie „zum System". Auch Externe können in der Regel einen Fall nicht „einfach so" abschalten, besonders, wenn es um das Schicksal eines Menschen geht. Aber diese Berufe schauen „von außen" auf die Situation. Sie hingegen sind mitten drin und (wenn auch als Randfigur) Teil des Prozesses.

Versuchen Sie sich immer wieder gedanklich den „Beraterhut" aufzusetzen, Distanz zur Situation zu gewinnen und nehmen auch Sie, wann immer es möglich ist, Unterstützung an. Das kann zum Beispiel eine Supervisionsgruppe sein. Bei einigen großen Seminaranbietern ist das Bestandteil der Mobbing- und Konfliktberaterausbildung. Aber auch der Austausch in Foren oder Betriebsratsstammtischen, bei Gewerkschaftstreffen oder – wenn es Sie wirklich mal „gepackt" hat – bei einem Coach, Berater oder Therapeut. Auch Mentaltraining ist ein probates Mittel, sich über die „wunden Punkte" bewusst zu werden und sie zu deaktivieren und sich selbst zu stärken.

Schaffen Sie einen Ausgleich, wenn Sie einen besonders intensiven Fall begleiten. In diesen Zeiten sind gutes, gesundes Essen, viel Schlaf und positive Erlebnisse besonders wichtig!
Wichtig – das ist auch ein Stichwort. SIE SIND WICHTIG! Ohne Ihre Hilfe würde der Betroffene ziemlich verloren auf einsamen Posten stehen. Ohne Sie würde Ihrer Familie, Ihren Freunden und Bekannten etwas fehlen! Viele gute Gründe, sich zu hegen und zu pflegen.

KAPITEL 11

Tipps für Unternehmen

Mobbing wird gefördert, wenn...

- Konflikte nicht offen angesprochen werden (können).
- Karriere in der Regel nur über eine gewisse „Ellenbogenmentalität" möglich ist.
- Führungskräfte nicht ausgiebig darin geschult werden, wie man konstruktiv Kritik übt.
- große Ängste und Unsicherheiten herrschen und Arbeitsplätze in Gefahr sind.
- Führungskräfte nicht anerkannt sind und „informelle Führer" deren Arbeit übernehmen.
- es keine echte Anerkennung gibt. Mitarbeiter, die sich geschätzt und für ihre Arbeit gewürdigt fühlen, brauchen keine Konkurrenz zu fürchten.
- „Wegbeißen" ein akzeptiertes Mittel ist, um sich durchzusetzen (sowohl in Führungsebenen, als auch darunter).
- die Führungskräfte nicht konsequent einschreiten, wenn sie das Gefühl haben, dass etwas nicht stimmt.

- die Geschäftsführung und die Personalabteilung insgeheim Mobbing als probates Mittel ansehen, einen Mitarbeiter loszuwerden.

- Sozialkompetenz als ein „hübsches Accessoire" angesehen wird und nicht als Grundvoraussetzung für Führung.

- die Führungskräfte keine natürliche Autorität ausstrahlen. (Damit meine ich nicht „unterdrücken", sondern eine gewisse, innere „Stärke".)

- die Hochglanz-Firmenrichtlinien nur für das Image da sind, aber nicht gelebt werden.

11.1 Wie können Sie als Unternehmer verhindern, dass eine Mobbing-Kultur entsteht?

An allererster Stelle stehen Sie selbst. Wie möchten Sie, dass Ihre Mitarbeiter miteinander umgehen?

Setzen Sie sich doch einmal unauffällig in die Nähe des „Knotenpunktes" Ihres Unternehmens (in der Regel ist das der Empfang) und beobachten Sie die Gesichter Ihrer Mitarbeiter. Wie gehen die Kolleginnen und Kollegen miteinander um? Wie wird reagiert, wenn Führungskräfte in die Nähe kommen? Die Idee mit dem „Chef Undercover" ist gar nicht so verkehrt – manch ein Unternehmer wäre entsetzt, wenn er wüsste, wie die „unteren Etagen" über die Firma denken.

An nächster Stelle stehen die Führungskräfte. Welche Werte haben die einzelnen Personen? Leben die Vorgesetzten einen gesunden Arbeitsstil vor? Kontrollieren sie jeden Schritt der Mitarbeiter? Machen sie pünktlich Feier-

11.1 Wie können Sie als Unternehmer verhindern, dass eine Mobbing-Kultur entsteht?

abend? Wie gehen sie mit Kollegen und Mitarbeitern um?

Es ist keine Schande, wenn etwas nicht gut funktioniert. Es ist nur eine Schande, nichts zu unternehmen, wenn man es bemerkt hat! Viele Führungskräfte scheuen sich davor, Kritik auszusprechen. Kein Wunder, wer tut das schon gerne? Es besteht ein großes Potential, das Gegenüber zu verletzen und selbst zum „Buhmann" zu werden. Darum sollten Führungskräfte regelmäßig üben, konstruktiv zu kritisieren und authentisch zu loben. Damit steht und fällt die Stimmung und Leistungsbereitschaft in einer Abteilung!

Ein weiterer Punkt ist die Zeit. Haben Ihre Führungskräfte Zeit, sich ein realistisches Bild über die zu führende Abteilung zu machen? Damit meine ich nicht ein Blick in die Zahlen. Genau das ist nämlich der Grund, warum so viel schief läuft. Ein guter Chef nimmt sich regelmäßig Zeit und geht durch die Abteilung, spricht mit den Mitarbeitern, fragt, wie es läuft, und hört richtig zu!

Wenn ein Mitarbeiter zum Chef kommt, um sich über „Mobbing" zu beschweren, sollte diese Beschwerde grundsätzlich ernst genommen werden. Hilfreich kann in so einem Fall durchaus sein, auch den Betriebsrat hinzuzuziehen. So kann man von vornherein viel „Wind aus den Segeln nehmen".

Erfragen Sie, was passiert ist, und versuchen Sie sich ein Bild zu verschaffen. Sagen Sie, dass Sie sich der Sache annehmen und sich noch etwas umhören möchten, bevor Sie etwas dazu sagen und versprechen Sie, dass Sie sich bei dem Mitarbeiter melden werden.

Je nach Unternehmensgröße macht es Sinn, sowohl die Führungskräfte, als auch den Betriebsrat fundiert zum Thema Mobbing ausbilden zu lassen und gegebenenfalls sogar eine Konfliktschlichtungsstelle einzurichten. Nur mit einer soliden Schulung zum Thema kann man erkennen, ob es sich wirklich um Mobbing handelt. In den Ausbildungen werden in der Regel neben dem Thema an sich auch die verschiedenen Möglichkeiten der Konfliktschlichtung erläutert und Beispiele gegeben, wie man in einem Unternehmen präventiv und praktisch an das Thema Mobbing herangeht.

Eine Betriebsvereinbarung zum Thema Mobbing beinhaltet dann die konkreten Statements der Unternehmensführung (die auch gelebt werden sollten!), die Beschwerdemöglichkeiten und –wege für die Mitarbeiter und die innerbetrieblichen Konsequenzen für den Fall, dass Mobbing auftritt.

In der Regel wird erst einmal versucht zu schlichten. Dies kann auch über eine Mediation erfolgen. Sollte der „Mobber" sich weigern, sein Verhalten zu ändern, kann der Arbeitgeber entsprechende rechtliche Maßnahmen ergreifen. Es gibt im Internet viele Musterbetriebsvereinbarungen zu dem Thema. Wichtig ist (ich wiederhole mich, genau darum), dass die Regelungen gelebt werden!

Dabei sollten die Prävention und das rechtzeitige Eingreifen bei schwelenden Konflikten an erster Stelle stehen und die Notwendigkeit, arbeitsrechtliche Konsequenzen ergreifen zu müssen, gar nicht erst auftreten.

- Konflikte sind normal. Sie entstehen täglich.

- Die Kunst besteht darin, sich auf Lösungen zu einigen, bei der möglichst beide Seiten ein wenig „gewinnen".

- Konflikte unter den Tisch zu kehren, kann katastrophale Konsequenzen haben!

- Auch mit „unbequemen" Mitarbeitern muss man sich auseinandersetzen.

- Die Führungskräfte sind Vorbilder und werden als solche wahrgenommen. Der Fisch stinkt in der Tat vom Kopf.

Ich möchte nicht ausschließen, dass sich eine Abteilung zusammentut, um eine Führungskraft „rauszumobben". Allerdings stellt sich die Frage, warum das passiert. Und da wären wir wieder bei einer offenen Gesprächs- und Konfliktkultur.

**Mobbing hat keinen Platz,
wenn Wertschätzung, Respekt und Offenheit
gelebt werden.**

11.2 Was tun, wenn es passiert ist?

Das Kind liegt im Brunnen? In einer Abteilung ist der „Kalte Krieg" ausgebrochen? Die Situation hat bereits eine Dimension angenommen, in der Sie sich überfordert fühlen?

Suchen Sie sich externe Unterstützung! Führen Sie mit dem Berater/ Mediator vorher ein Informationsgespräch, schildern Sie die Situation und versuchen Sie herauszufinden, ob tatsächlich ein fundiertes Wissen zum Thema Mobbing vorhanden ist! Ein erfahrener Berater/ Mediator antwortet auch bei schwierigen Fragestellungen ruhig, konzentriert und sachlich. Grundvoraussetzung sind eine entsprechende Ausbildung und Erfahrungen in diesem Bereich! Ein guter Berater/ Mediator wird bei einem wirklich schwierigen Fall niemals alle Beteiligten gleich an einen Tisch setzen, sondern sich erst einmal Einzelmeinungen anhören. Unter Umständen ist sogar eine „Shuttle-Mediation" sinnvoll, bei der die Parteien sich gar nicht sehen.

Hören Sie auf Ihr Bauchgefühl und trauen Sie sich, Hilfe in Anspruch zu nehmen. Ich kenne viele Fälle, in denen Mediationen und Beratungen nicht nur den Streit geklärt, sondern sogar noch viel weitergehende, positive Einflüsse auf die inhaltliche Zusammenarbeit in der Abteilung hatten.

Oft kommen in so einer Mediation neben dem scheinbar brennenden Thema noch „Nebenkriegsschauplätze" auf den Tisch, die sich plötzlich als Themenschwerpunkte entpuppen. Kleine Differenzen zum Verständnis der Arbeitsorganisation können unglaubliche Auswirkungen auf ganze Abteilungsabläufe haben. So kann sich ein Konflikt sogar zum enormen Verbesserungspotential mit Wachstumsschub entwickeln.

Sehen Sie den Konflikt als Chance für Verbesserung! Der offene Umgang und die rasche und offene Vorgehensweise sorgen nicht nur für zufriedene Mitarbeiter, sondern wird sich auch wirtschaftlich positiv auswirken. Durch Mobbing entstehen vielen Unternehmen weltweit Unsummen durch Fehlzeiten, die „Planungsaktivitäten" der Mobber und deren Auswirkungen. Machen Sie als Unternehmer den ersten Schritt in die richtige Richtung. Ich wünsche Ihnen dabei viel Erfolg!

KAPITEL 12

Weiterführende Links, Adressen, ergänzende Informationen

Im Internet gibt es eine Vielzahl an Kontaktdaten, Informationsseiten und Adresslisten zum Thema Mobbing. Hier habe ich Stellen und Seiten aufgelistet, die ich persönlich kenne und mit denen ich schon zusammengearbeitet habe:

12.1 Ansprechpartner zum Thema Mobbing

12.1.1 Beratungsstellen

Die **Mobbing-Hotline** ist in Frankfurt am Main ansässig und bietet zweimal in der Woche abends eine anonyme und kostenlose telefonische Erstberatung an. (Es fallen nur die regulären Telefongebühren an.)
www.mobbing-frankfurt.de

Natürlich dürfen Sie auch gerne mich kontaktieren ☺
Sie finden meine Angebote unter **www.Tatjana-Jerz.de** und unter
www.Mobbingberatung-Mainz-Wiesbaden.de

12.1.2 Mediation

Mediation, Beratung, Coaching, Seminare und Mentaltraining
Mit Janine Kirchhain finden Sie bei Mobbing und in Konfliktfällen eine kompetente Ansprechpartnerin.
www.odem-consultant.de

12.1.3 Anwälte für Arbeitsrecht

Mit diesen beiden Kanzleien arbeite ich seit vielen Jahren zusammen:

Büdel Bender
Fachanwälte für Arbeitsrecht in Frankfurt am Main
www.fbb-arbeitsrecht.de

ZINDEL . GUHA | Rechtsanwälte
Fachanwälte für Arbeitsrecht in Wiesbaden und Frankfurt am Main
www.zindel-guha.de

12.1.4 Fachklinik

Eine von vielen guten Kliniken ist die
Fachklinik St. Franziska-Stift
55543 Bad Kreuznach.
www.franziska-stift.de
Diese Klinik wurde von einigen Kolleginnen empfohlen, die dort Mobbingbetroffene untergebracht haben.

12.2 Schulungsanbieter für Betriebsräte

Bei diesem Schulungsanbieter habe ich meine Spezialausbildungen zum Thema Mobbing gemacht und meine Kooperationspartnerin hat sich zum Thema Mediation ausbilden lassen. Prädikat: Sehr empfehlenswert!
ifb - Institut zur Fortbildung von Betriebsräten KG
www.ifb.de
Natürlich gibt es eine Vielzahl hervorragender Schulungsanbieter in Deutschland. Diese Empfehlung beruht auf meinen persönlichen Erfahrungen und dem Austausch mit anderen Betriebsräten.

12.3 Buchempfehlungen

Mobbing: Dynamik - Verlauf - gesundheitliche und soziale Folgen
Dr. med. Peter Teuschel ist Facharzt für Psychiatrie, Psychotherapie. Er beschreibt gut verständlich und anschaulich die Mobbing-Problematik.
ISBN: 3794526821

Warum ich fühle, was du fühlst: Intuitive Kommunikation und das Geheimnis der Spiegelneurone
Joachim Bauer
Wer sich noch intensiver mit den Hintergründen und Zusammenhängen der Spiegelneuronen befassen will, findet hier ein leicht verständliches Buch, dass wissenschaftliche Zusammenhänge spannend erzählt.
ISBN: 3453615018

Die Mañana-Kompetenz: Auch Powermenschen brauchen Pause
Gunter Frank und Maja Storch

Mobbing und Burnout liegen sehr nahe beieinander. Besonders wenn Mobbing länger andauert, sind die Auswirkungen denen eines Burnout-Prozesses häufig sehr ähnlich. Ein lesenswertes Buch, das sich mit der Frage auseinander setzt, wie man individuell zu sich findet und zur Ruhe kommt.
ISBN: 3492272630

Das Wort ist wie im Meer ein Pfad,
doch tiefe Wegspur hinterlässt die Tat.
(Henrik Ibsen)

Danke an Frank,
ohne den es dieses Buch nicht geben würde.

1000 Dank an meine Familie,
die während der Entstehung des Buches eine
Engelsgeduld mit mir hatte ☺
und mir mit Rat und Tat zur Seite stand.

Und natürlich einen speziellen Dank an René Nafziger
für die schnelle Unterstützung beim Lektorat.

12.4 Kontaktdaten

Über Ihre Anregungen, Wünsche und Vorschläge freue ich mich.

Auf meiner Webseite

www.Tatjana-Jerz.de

finden Sie neben den Kontaktdaten auch aktuelle Termine und Informationen.